AF286706

Impressum
Ein Vogl Buch

Erstausgabe
Herausgeber
Hubert Schmidt
Eschenbach
Fax 09645/91341

Herstellung und Verlag:
Books on Demand GmbH
ISBN: 978-3-8370-8753-6
Norderstedt
2009

Weitere Bücher von Friedrich Eschenbacher

Der Arzt und der Spieler

Die neuzeitliche Legende einer
Lebensgeschichte erzählt vom Werdegang
eines erfolgreichen Berufsspielers.
ISBN 3-932 664 - 00 – 0

Friedrich Eschenbacher

Ohne Raum und Zeit

oder

Das siderische Pendel

Inhaltsverzeichnis:

Die Radiästhesie und das Pendel in ein rechtes Licht zu rücken ist Ziel dieses Werkes

Die Entscheidung dieses Buch zu schreiben entsprang vielen zum Teil auch sehr hitzigen Diskussionen ob das Pendel funktioniert oder nicht funktioniert.

Ob Radiästheten Schwindler sind oder nicht. Über die ewige Rechtfertigung allen Gegnern gegenüber, die die Pendelei und was damit zusammenhängt abweisen und oft sogar lächerlich machen wollen.

Wer sich ernsthaft mit dem Pendel beschäftigen will, soll hier eine große Anzahl von Hilfestellungen und Hinweisen erhalten.

Alle Angaben wurden gewissenhaft zusammengetragen. Der Autor empfiehlt dem Leser die zusammengetragenen Daten vorbehaltlos auszuprobieren. Darüber hinaus kann es nur eine Anleitung darstellen. Wer zu stark mit einer gegenteiligen Meinung vorbelastet ist, wird sich schwer tun mit dem Pendel eine Aufgabe zu lösen.

Was haben Sie zu verlieren, wenn Sie alle Voreingenommenheit für die Dauer des Studiums dieses Büchleins ablegen. Machen

Sie ihre Gedanken frei und Sie werden staunen was alles möglich ist.
Nur weil wir nicht wissen wie etwas funktioniert muß es doch nicht zwangsweise nicht funktionieren oder wie Prof. Dr. Mohlberg, ein tiefgläubiger Gottesmann, schrieb: „....., dass es immer noch Männer der Wissenschaft gibt, die glauben um recht mit einer Brille sehen zu können, müsse man zuerst die Anatomie der Augen und einige Kapitel Optik studiert haben".

Vieles was wir glauben genauestens zu wissen stimmt oft nur bis zu einem gewissen Punkt. Auch die Wissenschaft ist nicht immer auf der sicheren Seite. So schreibt z. B. die Gesellschaft für außergewöhnliche Ideen in München:

Nach unseren Gesetzen der Physik kann eine Hummel nicht fliegen.

Sie weiß es nur nicht!

Ein sehr sensitiver Mensch hat einmal gesagt:
„Jeder bereits gedachte Gedanke ist mit dem Pendel abrufbar".

Trotzdem sollte man sich nicht zu viel vornehmen.

Die Zukunft auszupendeln wird, wenn überhaupt, nur grob funktionieren können.

Zu viele Unwägbarkeiten stricken sich auf dem Weg in die Zukunft zusammen. Die Zukunft ist abhängig von Vergangenheit, der Gegenwart und dem Ergebnis daraus.

Selbst mit guten Vorsätzen wie z. B.: „der Gewinn aus einem etwaigen Lottogewinn wird nur für gute Zwecke gespendet" wird man kaum genaue Zahlen ermitteln können.

Vorwort

Erstmals im Jahr 2000 erfuhr der Autor von so genannter „Freier Energie". Im Internet gibt es viele Hinweise auf diese. Leider ist bis heute kein Gerät käuflich oder erhältlich, welches Energie empfängt oder ohne großes zutun erzeugt und in nutzbare elektrische Energie umwandelt.

Es gibt in der Literatur viele Hinweise auf diese Energie. Begriffe wie: Tachyonen, Skalarwellen, Orgonstrahlung, Longitudinalwellen und Teslawellen sind in diesem Zusammenhang zu lesen. Lester Hendershot aus England, Kapitän Coler aus Deutschland, Dr. Henry Moray aus den USA und allen voran Nicolai Tesla ein gebürtiger Jugoslawe sollen diese Energie bereits vor langer Zeit nutzbar gemacht und mit speziellen Geräten in elektrische Energie umgewandelt haben. Schon in grauer Vorzeit war der Äther eine der damaligen Wissenschaft dienliche Bezeichnung für einen weiteren Raum.

Dr. Reich, ein Österreicher, verzeichnete viele Erfolge in der Behandlung von Krebs mit der von ihm als Orgon bezeichneten Energie die er für Heilungszwecke einsetzte. Schade nur, dass sein Wirken in Zusammenhang mit der Orgonstrahlung in seiner späteren Heimat USA schließlich verboten wurde. Selbst seine Schriften und Bücher wurden dort verboten und es fand angeblich die einzig bekannte angeordnete Bücher- Verbrennung der USA statt.

Organische Zellen reagieren wesentlich empfindlicher als technische Messinstrumente. Der 7te Sinn oder Instinkt verleitet uns oft dazu richtig zu entscheiden. Vielleicht bilden eine harmonische Zusammenführung von Organismen und technischen Messinstrumenten irgendwann einmal die Möglichkeit diese freie uns noch wenig bekannten Energieformen anzumessen und für friedliche Zwecke zu nutzen. Heute noch werden zu Wasseranalysen beim sog. Daphnientest Wasserflöhe eingesetzt. Andreas Waser aus der Schweiz schreibt in seinem Buch: „Die rätselhafte Natur", dass Pflanzen und Bäume wegen ihrer schlechten Leitfähigkeit beste Empfänger für Longitudinalwellen sein müssten. Hier könnte ein Zusammenhang bestehen, denn nach bestimmten Mondphasen in bestimmten Monaten geschlagenes Holz soll wesentlich widerstandsfähiger sein als Holz welches zu anderen Zeiten geerntet wird.

Tachyonen bewegen sich wesentlich schneller als Licht, dies haben

Aufzeichnungen ergeben, die im Zusammenhang mit Beschleunigern erarbeitet wurden.

Auch Mikrowellen wurden bereits erfolgreich höher beschleunigt als Licht. So hat Prof. Günter Nimtz an der Universität in Köln, am 2. physikalischen Institut, Mikrowellen mit besonders hoher Frequenz durch einen Tunnel gesendet und dabei festgestellt, dass die Wellen im Tunnel eine wesentlich höhere Geschwindigkeit erreichten. In Wien wurde dies durch Prof. Krausz bestätigt. Er kam in Versuchen mit sehr kurzen Laserimpulsen, die er ebenfalls durch einen Tunnel schickte, zu der gleichen Erkenntnis. Prof. R. Chiao in Berkeley USA tunnelte mit seinem Team einzelne Photonen und kam zu dem gleichen Schluß.

Am 27. Oktober 2001 führte Dr. Hartmut Müller in Bad Tölz der Öffentlichkeit eine Sprachübertragung über stehende Gravitationswellen vor. Diese Übertragung fand quasi ohne Zeitverlust statt, muß also ebenso wesentlich schneller als Licht funktionieren.

Das Phänomen schneller als Licht könnte man auch als negative Geschwindigkeit bezeichnen. Bevor das Signal den Eingang eines „Tunnels" erreicht, hat es bereits den Ausgang verlassen. Man stelle sich vor, diese Technik könnte uns irgendwann einmal schneller reisen lassen als Licht. Würden wir uns von einer Seite der Straße zur anderen schneller bewegen als Licht, dann müssten wir uns bereits auf der anderen Seite der Straße sehen können. Es klingt unglaublich und phantastisch, jedoch genau dies käme dabei heraus. Sollten sich also Tachyonen tatsächlich schneller bewegen als Licht, dann kämen sie aus der Zukunft. Sollte bei der Befragung des Pendels das Unterbewusstsein seine Informationen via Tachyonen erhalten, müßte es also doch möglich sein nach der Zukunft zu fragen.

Ein Hilfsmittel zum erfassen von positiven wie negativen unbekannten Strahlungen stellt das Pendel oder die Wüschelrute dar. Prof. Dr. Mohlberg, ein im Vatikan beschäftigter Pater, der unter dem Pseudonym Candi schrieb, bezeichnete das Pendel in seinem Buch „Briefe an Tschü" mit DM für dynamischer Messer.

Alles was unser Körper aufnimmt oder „empfängt" nimmt das Unterbewusstsein wahr. Nach einigem Training können wir unser Unterbewusstsein dazu anregen diese

Informationen über schwache Muskelreflexe zu melden. Wir müssen lediglich abstimmen welche unbewussten Bewegungen durch das Unterbewusstsein wie ausgelöst werden. Das Pendel bewegt sich durch kleine Muskelkontraktionen. Ausgelöst von unserem Unterbewußtsein werden diese unbewußten Bewegungen durch das Pendel und seine Bahnen sichtbar. Diese Beeinflussung bestimmter Muskeln wird auch in der Kinesiologie genutzt. Dies hat weder mit Magie noch mit irgendwelchem Irrglauben zu tun.

Eine Zelle ist vielleicht das empfindlichste Messgerät was wir kennen. Sie reagiert schon bei geringsten Einflüssen. Leider haben Zellen keinen Zeiger, der uns sofort alles sichtbar macht.

Wenn Verunreinigungen im Wasser vermutet werden und diese mit herkömmlichen Messinstrumenten nicht nachweisbar sind, dann findet auch heute noch der so genannte Daphnientest statt. Daphnien werden in eine Wasserprobe gegeben und dann untersucht man ob die Bewegungen der Daphnien (Wasserflöhe) beeinflusst werden und z. B. abnehmen oder gar aufhören. Hier verlassen sich sogar Wissenschaftler auf die Natur. Verlassen Sie sich auf Ihre eigenen Zellen, probieren Sie's aus.

Der Leser dieses bescheidenen Werkes sollte nicht allem skeptisch begegnen was hier zusammengetragen wurde. Vielmehr soll jeder daraus so viel Nutzen ziehen wie es ihm gerade persönlich von Vorteil erscheint. Man muß auch nicht „daran" glauben.

Viele winken sofort ab, wenn sie von Dingen hören die sie nicht verstehen. Doch auch ein primitives Radio stellt in sich ein kleines Wunderwerk dar und nur wenige verstehen seine Funktionsweise vollkommen. Trotzdem wird es von jedermann benutzt. Man schaltet es ein, die Musik spielt und fast keiner macht sich Gedanken darüber warum dies so ist. In der Schöpfung oder Entstehungsgeschichte gibt es die Menschheit erst für den Bruchteil einer Sekunde, wie sollten wir uns dann anmaßen schon alles oder vieles verstanden zu haben?

Mein Schwager sagte einmal: „Klavierspielen ist ganz leicht, man braucht doch nur Tasten zu drücken."

Irgendwie hat er recht und genauso sollten wir es mit dem pendeln halten! Ohne Übung können wir zwar das Pendel benutzen, sicher werden die Ergebnisse aber nicht sein. Wie es für jedes Instrument viel Übung braucht, so verhält es sich auch mit dem Pendel. Sicher gibt es begabtere und weniger begabte Leute. Was bei dem einen vielleicht angeboren ist, muß ein anderer durch viel Fleiß und Übung ausgleichen.

Der Autor erhebt für dieses Buch nicht den Anspruch auf Vollständigkeit und kann auch keine Gewähr oder gar Garantie für alle Angaben übernehmen.

Eine Energieübertragung die bislang nicht 100%ig wissenschaftlich belegbar war, findet auch beim potenzieren von homöopathischen Mitteln statt. Obwohl hier schon einige Beweisansätze erkennbar werden. Durch Schallwellen beschicktes Wasser weist nach dem Gefrieren andere kristalline Strukturen auf als unbeschicktes. Im Ergebnis sieht die Kristallstruktur bei lieblicher Musik sehr harmonisch aus im Gegensatz zur Eisstruktur bei drohender Sprache.

Laut einer Ausgabe der Chemical Communications 2001 hat ein Wissenschafts- Team in Südkorea entdeckt, dass manche gelöste Moleküle sich nicht gleichmäßig im Lösungsmittel, z. B. Wasser, verteilen. Beim verdünnen verklumpen diese und bilden zuerst stärkere Ansammlungen von Molekülen in gleichen Mustern. Dies würde die Wirkungsweise von homöopathischen Mitteln erklären, die mit steigender Verdünnung und Verschüttelung eine stärkere Wirkung zeigen, und dass ein Tropfen dazu in der Lage ist seine Information weiterzugeben.

Die Entdeckung ließ sich anhand von weiteren Experimenten wiederholen. Dies könnte eine Erklärung für die verstärkende Wirkungsweise beim potenzieren in der Homöopathie sein.

Das Pendel

(bei Goethe und anderen auch: der Pendel)

In Lexika beschrieben als ein um einen Punkt oder an einer Achse frei drehbarer Körper, der nach Auslenkung aus der Ruhelage unter dem Einfluß einer Kraft eine Schwingung ausführt.

Sidera (lateinisch = Gestirne)

Sideros (griechisch = Eisen)

Ob nun aus dem lateinischen oder griechischen abgeleitet, sei einmal dahingestellt. Mit den Gestirnen hat es nur soweit zu tun, als das wir in einem Universum leben, in dem längst nicht alles erforscht ist.

Dieses Buch ist dem siderischen Pendel gewidmet. Als siderisches Pendel bezeichnet man einen an einer Schnur oder Faden befestigten Gegenstand, der durch Pendelausschläge medial begabten Personen zur Beantwortung gestellter Fragen dienen soll.

Herkunft und Entstehung:

Sowohl Datum als auch die Herkunft sind unbekannt. Das Pendel wurde lange vor unserer Zeitrechnung von vielen Völkern als Orakel befragt. Es wurde zum finden von Wasser genauso eingesetzt wie zum suchen nach Bodenschätzen und finden einer passenden Medizin.

Der bekannte Arzt Paracelsus sprach im 16ten Jahrhundert von einem **siderischen Körper** und meinte damit wohl einen zweiten, neben dem materiellen Körper vorhandenen.

Reinhard Fischer schreibt in seinem Buch, „Raumfahrt der Seele" über Erlebnisse im Umkreis der Mentalprojektion, von zwei Körpern. Einem physischen und einem Mental- oder Astralkörper.

Ob nun Moses ein Pendel oder einen Stab als Wünschelrute benutzte um damit Wasser zu finden weiß ich nicht. Es gibt viele, die es behaupten. Hildegard von Bingen soll die Wünschelrute ebenso erwähnt haben.
Goethe, Schiller und viele andere Größen der Vergangenheit beschäftigten sich mit Pendel und Wünschelrute.

Vorbereitungen zum pendeln

Größe

Es gibt keine vorgeschriebene Pendelgröße. Meistens bewegen sich übliche Pendel im Bereich von zwei bis zehn Zentimetern Länge und von zwei bis fünf Zentimetern Durchmesser.

Das **Gewicht** sollte nicht über 20 Gramm hinausgehen sonst ermüdet man schnell und wird verkrampft.

Für das pendeln im Freien hingegen sollte das Pendel etwas schwerer sein, damit es von Wind und Wetter nicht zu stark beeinflusst wird.

Form
Das Pendel kann sowohl wie ein **Senklot** aussehen, als auch in **Stäbchen, Kugel, Tropfen, dreieckiger, konischer oder ovaler Form** ausgeführt sein. Auch Ringe oder andere persönliche Gegenstände können dazu dienen. Der Autor durfte einem älteren Pendler zusehen, der sein Pendel aus einer alten rostigen Mutter mit einem Bindfaden gefertigt hatte.

Verschiedene Pendel aus Holz gedrechselt,
gedreht aus Messing und gebastelt aus einer
Schraube mit Muttern, mit Schnur und
Kettchen

Die Pendellänge ist für jeden individuell. Es empfiehlt sich das Pendel zunächst kurz zu halten und in Schwingung zu versetzen dann kann man den Faden langsam nach unten gleiten lassen, ab der Länge an der man glaubt es schwingt schön und frei herum hält man inne. Diese Länge kann man aufschreiben. Manche machen auch einen Knoten in den Faden um sich die Länge zu merken.

Material
Astrologen empfehlen ein Material auszuwählen, welches dem Sternbild des Pendlers am nächsten steht. Dies ist aber keine Bedingung. Viele Pendel sind aus **Messing oder Bergkristall** gefertigt. **Holz, Glas, Steine** und alle anderen Materialien eignen sich ebenfalls.

Als Pendelfaden kann fast jedes bewegliche Material benutzt werden. Im Handel sind Kettchen, Fäden, Schnüre und geflochtenes Haar erhältlich. Etwas ganz persönliches wäre geflochtenes Eigenhaar.

Die **Pendelhaltung** muß jeder für sich selbst herausfinden. Es gibt erfahrene Pendler die am liebsten den **Ellbogen** aufstützen und den **Faden zwischen Daumen und Zeigefinger** halten. Andere halten ihn zwischen Daumen und Ringfinger und weitere binden das Ende des Fadens zu einer Schlaufe welche sie über einen Finger ihrer Wahl hängen. Ob mit der rechten oder linken Hand bleibt dem Pendler selbst überlassen, meist erzielt ein Rechtshänder auf seiner bevorzugten Hand die besseren Ergebnisse und ein Linkshänder umgekehrt. Jedoch ist dies nicht Bedingung – probieren Sie es aus.

Wenn der Arm zu schnell ermüdet kann man sich auch eine Armstütze bauen. In der Art eines kleinen Ärmel- Bügelbrettes, welches am vorderen Ende eine Aussparung hat damit Schnur und Pendel frei schwingen können.

Pendelrichtung.
Für eine Befragung des Pendels sollte man vorher   mit sich selbst vereinbaren wie ein Ausschlag des Pendels zu werten ist. Eine kreisförmige Pendelbewegung links herum wird meistens als Verneinung gewertet und als Gegenstück dazu die kreisförmige Bewegung rechts herum im Uhrzeigersinn als Bejahung. Ebenso kann aber die andere Variante Anwendung finden. Eine Bewegung des Pendels von Körper weg und zum Körper hin als ja, (wie Kopfnicken), eine Bewegung nach links und nach rechts als Verneinung   (Kopfschütteln).   Bei

Beziehungen zu Gegenständen und Stoffen ebenso anwendbar als Verbindung (pendelt vom eigenen Körper zum Material hin und zurück) oder als Verneinung (links/rechts) oder Trennstrich auch Minus zu werten.

Über die **Sitzrichtung** des Pendler sind sich nicht alle Pendler einig: Viele bevorzugen eine **Sitzrichtung gen Süden (z. B. Candi),** andere empfehlen die Richtung Osten weil in dieser Richtung auch die meisten Kirchen ihren größten Energiebereich (Altarraum) haben. (z. B. Kalteiß). Georg Kircher schreibt in seinem Handbuch der modernen Radiästhesie, er persönlich käme vollkommen ohne irgendeine bestimmte Himmelsrichtung aus und ebenso wenig wirke sich die Beschaffenheit des Tisches auf seine Pendelergebnisse aus.

Die **Pendelunterlage,** meist der Tisch und die Umgebung, sollte weitestgehend von allem befreit sein was in irgendeiner Art und Weise ablenken könnte, zumindest für die ersten Versuche.

Wird man routinierter und ist man genügend sensitiv, reicht es in der Regel aus sich auf das zu pendelnde Material und eine klar gestellte Frage zu konzentrieren. Vielleicht sollte am Anfang ein Tisch aus Naturmaterial wie Holz Verwendung finden, damit die

inneren Kräfte nicht zu sehr abgelenkt werden.
Will man hier noch besser vorbereiten, kann man die Tisch- und Stuhlbeine mit Korkplatten vom Fußboden abschirmen.
Als Pendelunterlage können zwei neutrale Blätter aus Papier dienen die aus derselben Packung stammen und von denen eines umgedreht wird, damit die damit entgegen gesetzten „gewachsenen" Strukturen sich gegenseitig aufheben sollen.

Notizen
Um Selbstkontrolle zu üben ist es wichtig von Anfang an Notizen zu machen.

Hand- und Armstütze gegen
Ermüdungserscheinungen
Pendel bleibt frei schwingend

Richtige Fragestellung

Für eine klare Antwort braucht es eine klar eingegrenzte Fragestellung und Vorsicht wenn man nach Nein fragt und es kommt ein Nein wird dies in den meisten Fällen „Ja" bedeuten, denn doppelte Verneinung entspricht einer Bejahung.

Stellen Sie dem Pendel oder Ihrem Unterbewusstsein klare Fragen wie: „tut mir das Mittel persönlich gut?" oder „befindet sich der verlorene Gegenstand X in diesem Haus in dem ich mich gerade aufhalte?"

Falsch wäre die Fragestellung: „tut das Mittel gut?" Die Antwort ist zu vage, denn das auszupendelnde Mittel kann für andere Personen durchaus „gut" sein.

Falsch wäre auch die Fragestellung: „befindet sich der verlorene Gegenstand X hier?"
Die Antwort könnte „ja" sein und gleichsam bedeuten dass sich der Gegenstand noch hier auf der Erde oder hier im Universum befindet.

Selbstprüfung

Wichtig ist eine ständige Eigenkontrolle. So kann man mit einer angefertigten Pendelkarte seine Pendelfähigkeit testen. Im Halbkreis werden Zahlen von 0 bis 100 % in 10er-Schritten geschrieben.

Erfahrungsaustausch

Um persönliche Pendelergebnisse zu kontrollieren ist es von Vorteil, wenn man mit einer oder mehreren Personen in Kontakt ist. Dann kann man Ergebnisse vergleichen, bei unterschiedlichen Ergebnissen die Ursache ergründen. Meist liegt eine unterschiedliche Fragestellung vor.

Wichtig! Voraussetzungen zum pendeln:

Sensitiv

Als sensitiv wird bezeichnet wer besonders fühlig ist und bei wem das Pendel klare Ausschläge macht.

Meines Erachtens nach ist jeder Mensch sensitiv, nur kann sich nicht jeder in gleichem Maße frei von Skepsis und Wunschdenken machen.

Vorgefertigte Meinungen lassen dem Unterbewußtsein keine Möglichkeit klar und unbefangen zu antworten.

Falsche Antworten sind vorprogrammiert und oft funktioniert das Pendel dann überhaupt nicht. Am leichtesten tun sich Kinder in dieser Kunst. Sie sind meistens noch sehr unbefangen und lernen schnell.

Noch ein paar Stichpunkte und wichtige Tipps auf der folgenden Seite

(kopieren, verkleinern und in die Geldbörse)

Pendelhilfe:

- keine vorgefaßte Meinung!
- „ich wünsche" statt „ich will" oder „es muß" und nicht gleich das „warum" im Kopf auftauchen lassen.
- Skepsis für die Dauer des Pendelns ablegen. Das Ergebnis kann man auch hinterher abwägen und beurteilen.
- Hellwach sein, vorher einige Zeit ausruhen oder meditieren.
- Frei von anderen Gedanken machen
- Das Pendeln als Wissenschaft betrachten
- Das Pendel höchstens als persönlichen Ratgeber benutzen, sich keinesfalls davon abhängig machen
- Exakte Fragestellung
- Ruhigen Ort zum pendeln wählen
- Selbstkontrolle (auch durch Wiederholung und Gegenfragen)
- Erfahrungsaustausch mit Gleichgesinnten
- Persönliche Aufzeichnungen von Anfang an
- Es gibt keine 100 % richtigen Antworten, sei es durch unklare Fragestellung oder im Unterbewusstsein verankerte Meinungen.

Denken Sie daran:

Für die meisten Menschen denen wir begegnen klingt es absurd.

Viele Pendler gehen mit ihrem Wissen niemals an die Öffentlichkeit, weil sie zu oft lächerlich gemacht wurden und mit ihren Angaben gegen hohe und stabile Mauern der Unwissenden laufen.

Die ersten Gehversuche:

Erster Schritt

Zuerst verschafft man sich die notwendige Ruhe. Beruhigende leise Musik lassen eine passende Atmosphäre entstehen. Alle Gedanken die nichts mit dem Pendel zu tun haben bei Seite geben oder besser für diesen Zeitraum aussetzen.

Der Arbeitstisch wird von allen Dingen befreit die ablenken könnten.

Wenn möglich für die ersten Versuche mit dem Gesicht in Richtung Süden setzen.

Den Ellbogen des Pendel- Arms aufstützen und das Pendel in die Hand nehmen. Rechtshänder versuchen zuerst die rechte Hand, Linkshänder die linke. Wenn es nicht als unangenehm empfunden wird, den Faden des Pendels zwischen Daumen und Zeigefinger der entsprechenden Hand nehmen. Kurz über dem Pendel greifen. Das Pendel langsam nach unten rutschen und frei schwingen lassen bis es dem eigenen Eindruck gemäß schön ausschwingen kann.

Es gibt nun zwei Methoden für den ersten Versuch.

A) man befragt das Pendel: Was bedeutet für mich ein Ja und wartet ab bis es eine Richtung einnimmt.

B) man versucht in Gedanken oder mit leisem Sprechen das Pendel zum auf- und ab schwingen zu bewegen, d. h. zum Gesicht hin und wieder weg, dann nach rechts und links und danach einen Kreis zunächst rechts und dann links herum.

Bei Methode B, kann man mit sich selbst vereinbaren, dass auf und ab oder kreisförmig rechts herum ein Ja bedeutet, dagegen links und rechts Ausschläge bzw. kreisförmig links herum ein Nein.

Diese Festlegung ist wichtig.

Die ersten Tage, vielleicht sogar Wochen empfehle ich nur diese einfachen Grundübungen auszuführen. Am besten jeden Tag zu einer festen Zeit mindestens eine Woche lang oder solange bis man das Pendel blind zu steuern vermag.

Diese Übungen sind immens wichtig. So trainiert man um gravierende Fehler möglichst auszuschließen.

Übungen:

- Rechts und links (Ost/West) wenn man Richtung Süden sitzt

- Vor und zurück (vom Körper weg und hin also Süd/Nord)

- Kreisrund rechtsherum (Uhrzeigersinn) und linksherum (entgegen Uhrzeigersinn)

Zweiter Schritt

Einfache Fragen stellen die einem bekannt sind und einleuchten.

Ist mein Name ....?

Bin ich soundso viele Jahre alt?

Ist heute Donnerstag?

Hat mein Pendel die richtige Größe für mich?
- ist mein Pendel zu groß für mich?
- Zum überprüfen: ist mein Pendel zu klein für mich?

Hat mein Pendel die richtige Länge?
- ist mein Pendelfaden zu lange für mich?
- zum überprüfen: ist mein Pendelfaden zu kurz für mich?

Hat mein Pendel das für mich richtige Gewicht?
- ist mein Pendel zu schwer für mich?
- Zum überprüfen: ist mein Pendel zu leicht für mich?

Aufzeichnungen nicht vergessen. So erhält man im Laufe der Zeit einen Überblick wie sich die Pendelfähigkeit verbessert.

Dritter Schritt.

Nun die Fragen erschweren.

Ist dies die richtige Uhrzeit für mich zu pendeln?

- Ist für mich der Vormittag zum pendeln besser?

- Ist für mich der Nachmittag die bessere Zeit zum pendeln?

- Ist nachts für mich die bessere Zeit um pendeln?

- Ist 6 Uhr für mich die richtige Zeit zu pendeln, 7 Uhr, 8 Uhr usw.

Ist meine Pendelfähigkeit jetzt gerade über 50 %

- Ist meine Pendelfähigkeit jetzt gerade unter 50 %

- Ist meine Pendelfähigkeit (von 10 – 100 Prozent in 10er Schritten abfragen)

Der vierte Schritt:

Testen am Objekt.

Zuerst den auszutestenden Gegenstand oder das Material unters Pendel legen und das Pendel zur Kontaktaufnahme darüber kreisen lassen. Dann mental (geistig) an den Gegenstand oder das Material denken.

Mit einfachen Sachen beginnen.

Kochsalz in ein Glas geben und das Pendel darüber halten, zunächst dem Pendel freien Lauf lassen und nur an das Salz denken, Das Ergebnis aufschreiben.

Nun mit der Frage weitermachen:

Befindet sich im Glas Salz?

Zucker in derselben Menge in ein gleiches Glas geben.
Kontaktaufnahme mit dem Pendel. Mental darauf konzentrieren und Pendel laufen lassen.

Wieder die Frage stellen:

Befindet sich im Glas Zucker?

Solange üben bis eine eindeutige Unterscheidung stattfindet zwischen Salz und Zucker.

Glas möglichst nicht offensichtlich markieren höchstens verdeckt.

Den Inhalt kann man wenn es einem persönlich möglich ist, durch Zungenprobe leicht ermitteln. Wenn man an der Körnigkeit erkennt was Zucker und was Salz ist, dann könnte man als Behältnisse auch kleine undurchsichtige Filmdosen verwenden.

Weitere Möglichkeiten finden wir in jedem Haushalt.

ÜBUNG macht den Meister!

Wichtig sind immer während Wiederholungen und Aufzeichnungen darüber.

Ein interessantes Prüfobjekt finden wir auch beim Wasser.

Große Unterschiede gibt es zwischen herkömmlichem Leitungswasser, wenn dies unbehandelt ist und zwischen Weihwasser. Man braucht nicht daran glauben, dass man einen Unterschied wahrnimmt. Erfahrene Pendler wissen von durchaus großen Unterschieden selbst zwischen verschiedenen Weihwassern zu berichten.

Probieren Sie auch verschiedene, Mineralwasser, Tafelwasser usw.

Wichtig ist auch hier die Fragestellung. Man kann nach dem Energiegehalt fragen, nach der persönlichen Verträglichkeit und selbst nach weiteren Feinheiten wie Schadstoffgehalt usw.

Im Laufe der Zeit wird die Feinfühligkeit zunehmen und immer kleinere Nuancen können wahrgenommen und erpendelt werden.

Wenn Wasser und Salz gut „gefühlt" werden kann man die Untersuchungen an Lebensmitteln fortsetzen.

Versuchen Sie den Unterschied zwischen ungespritztem Obst und behandeltem Obst herauszufinden. z. B. bei einem unbehandelten Apfel aus dem Bioladen und einem Apfel aus dem Supermarkt.

Wichtig ist auch hier die Fragestellung. Wenn wir z. B. danach fragen ob der Apfel gut ist, kann die Antwort: „Ja" bedeuten, dass der Apfel lange hält weil er chemisch behandelt worden ist.

Fragen wir gezielt nach dem Apfel bzw. nach seiner Wirkung auf uns beim Verzehr kann das Ergebnis schon ein anderes sein.

Bei Gemüse verhält es sich ebenso. Aber Vorsicht, es gibt Gemüsearten die werden erst gut wenn man sie gegart hat. Abgefragt wird immer der „Jetzt- Zustand".

Eine rohe Kartoffel kann gekocht positiv sein und roh negativ.

Auch der Tag ist entscheidend.

Fragen wir das Pendel danach ob uns ein Gemüse gesundheitlich gut tut, kann dies am darauf folgenden Tag wieder ganz anders aussehen.

Ein paar Geschichten zum Schluß:

Ein sehr guter Freund, Body O. (Name geändert), hat ein kleines Meisterstück geschafft. Am letzten Sonntag im Juni 2002 waren wir gemeinsam in Pfreimd um einen alten Freund wiederzusehen, der sich dort auf Besuch befand. Er ist vor langen Jahren nach Griechenland ausgewandert.

Body O. versuchte dort auf Anregung eines Zweiflers die Himmelsrichtungen auszupendeln. Danach haben wir einen Kompaß geholt und er hat sich nur um maximal 2 Grad vertan.

Obwohl ich persönlich glaube, daß er Recht hatte und nicht der Kompaß. Ich glaube ich kann dies auch erklären. Als die ersten Satellitenanlagen für den Hausgebrauch herauskamen mußten wir meines Berufes wegen 1,8 Meter große Sat- Parabol-Spiegel auf- und/oder einstellen. Der Empfangs- Öffnungswinkel war so klein, daß es sehr schwierig war einen damalig zu empfangenden Satelliten zu finden. Es gab kaum Meßgeräte, jedenfalls konnte ich mir zu anfangs keines leisten.

Also waren wir auf den Kompaß angewiesen. Soundsoviel Grad von Süden nach links und die Neigung, also Azimuth und Elevationswinkel einstellen.

Dabei musste ich feststellen wie oft man sich nicht genau auf den Kompaß verlassen kann. So hat der Kompaß häufig auf der einen Seite eines Gebäudes in eine etwas andere Richtung gezeigt als auf der anderen, obwohl die Mauern genau parallel verliefen.

Zwar kann man einen Kompaß mit dem Auge nicht korrigieren aber es gibt da eine andere Methode. Wenn man beispielsweise an einer Seite des Hauses den Kompaß hinhält und der zeigt z. B. neben einer geraden Wand leicht links abweichend und auf der anderen Seite des Hauses an einer parallel Wand stark links abweichend oder gar rechts abweichend, dann muß die Wahrheit irgendwo in der Mitte liegen (oft).

Es ist einfach so, daß Stoffe, Metalle, Wasseradern, Stromleitungen, künstliche Magnetfelder oder sonst irgendetwas im Erdreich das natürliche Magnetfeld abweichen läßt und dadurch die Nadel des Kompaß nicht immer genau in Richtung Norden zeigt.

Ich denke das Pendel war genauer. Body O. kann gar nicht gewußt haben wo dort Norden ist.

Erstens kam die Idee mit Norden auszupendeln nicht von ihm, sie kam spontan von einem dritten.

Zweitens befanden wir uns in Pfreimd und ich z. B. hätte überhaupt nicht sagen können wo Norden ist.

Wenn man in das Haus der Leute geht, muß man durch einen Hausgang, dann durch eine Tür und dann glaube ich links eine Treppe hoch und dann wieder rechts einen Gang entlang und dann wieder links in ein Zimmer und dann wieder rechts hinter und dann sitzt man am Tisch und weiß gar nicht mehr in welcher Richtung beispielsweise die Haustüre liegt. Sonne sieht man im Zimmer sowieso keine als Anhaltspunkt, das Haus befindet sich im Ortskern.

Ob man es nun glaubt oder nicht. Bevor man sich an andere hält, die dem pendeln mächtig sind, sollte man es selbst erlernen.

Sehr viele Leute wollen einen hörig machen und dann abzocken. Viele wollen nur eines: UNSER BESTES.......... UNSER GELD!!! Also besser selber pendeln versuchen, üben, lernen und perfektionieren! Dann lassen wir uns nichts mehr vormachen, dann bestimmen wir bzw. wissen wir mehr.

Natürlich stellt sich da auch die bange Frage vom „gläsernen Menschen". Doch wer nicht reinen Gewissens und Gemütes ist wird durch tief verwurzelte schlechte Gedanken und Gewissenskonflikte kaum zuverlässig pendeln können.

Vor kurzem wollte mir wieder jemand sagen wie blöd ich doch wäre wenn ich ans Pendeln glauben würde. Er hatte zugesehen wie ein Wünschelrutengänger eine Wasserader gesucht hatte. Der Grundstücksbesitzer hatte ihn geholt. Der Mann mit der Wünschelrute fand heraus, daß sich an einer Stelle des Grundstücks in 6 Metern Tiefe eine Wasserader befindet.

Der Grundstücksbesitzer holte sich eine Brunnenbohr- Firma und ließ an dieser Stelle bohren. Die guten Männer bohrten bis über 20 Meter tief, dann gaben sie auf weil kein Wasser kam und lachten über den Wünschelrutengänger.

Das können nur Leute tun die unwissend sind und keine Ahnung haben! Man stelle sich vor die bohren ein Loch in der Größe von 10 cm Durchmesser. Was passiert, wenn die Wasserader nur ein paar Zentimeter in Granitstein daneben verläuft? Genau! Nichts.

So genau sind die aller wenigsten Pendler oder Wünschelrutengänger. Selbst ein technisch aufwendiges Sonar oder Radargerät kann durch verschiedenste Einflüsse im Erdreich abgelenkt werden.

Man bedenke: Ist der Punkt oder liegt die Wasserader bei den Zehen des Testers oder bei der Ferse oder in der Mitte oder bei den Händen? Am linken Fuß oder am rechten Fuß? Vielleicht lenkt das Erdreich die Strahlung der Wasserader auch um ein paar Zentimeter ab?

Bereits genannter Body O. schuf sich auch einen Brunnen. Bei ihm kam die Wasserader nur ein paar Zentimeter unter seinem ausgependelten Wert und die zweite sich darunter befindliche Wasserader kam kurz darauf ein paar Zentimeter tiefer.

Die Baggerschaufel war natürlich viel größer als ein 10 Zentimeter Bohrkopf. Allerdings war diese Wasserader mindestens so groß wie ein dreiviertel Zoll Wasserrohr, wenn nicht eher 1 Zoll und verlief direkt in einem Felsen.

Body O. hatte unbewußt das richtige getan. Er ließ nicht bohren weil es nicht so tief war sondern holte einen Tiefbauunternehmer mit Bagger.

Body O.'s Brunnen liefert sehr gutes Wasser mit einer großen Schüttung. Hätte er ein paar Zentimeter daneben gebohrt, wäre das Wasser im Felsen abgeschlossen geblieben und nichts wäre herausgekommen.

Es sei denn er hätte die Ader zufällig getroffen. Aber das wäre Glück oder absolutes Können gewesen. Der Pendler wie der Bohrer können nicht nur in einer Richtung abweichen sondern in allen Richtungen praktisch rundum 360 Grad.

Unser Körper und unsere Zellen nehmen ständig alle möglichen Strahlungen auf. Nur merken wir es nicht bewußt oder nicht mehr, weil unser Instinkt verkümmert ist oder weil unsere Muskeln nur sehr schwach darauf reagieren.

Ein frei aufgehängtes Gewicht an einer Schnur macht das sichtbar. Es ist nur unsere schwache Fühligkeit die das Pendel zeigt und hat nichts mit Aberglauben oder sonstigem zu tun.

Probieren Sie einfach, ich wünsche Ihnen viel Spaß und Erfolg dabei! Und natürlich bewegen Ihre eigenen Muskeln das Pendel.

Ihr Unterbewußtsein nimmt die Frage auf und beantwortet sie indem es die Muskeln anregt und dadurch Ihr Pendel in Bewegung setzt.

Gibt es einmal keine eindeutige Antwort kann es dafür Gründe geben.

Fragestellung?

Vorgefertigte oder im Unterbewusstsein festgelegte Meinung?

Andre Bovis entwickelte eine Messskala.

Von vielen Wünschelrutengängern werden so genannte BE (Boviseinheiten) als Messwerte hergenommen.

Eine Bovis- Messskala kann man sich leicht selber herstellen:

Nehmen Sie ein Blatt Papier und zeichnen Sie darauf eine lange waagerechte gerade ein.
Auf diese malen Sie eine Skalierung. Beginnend bei 0, dann in 1000er Schritten weiter bis 10 000

Zwischen 6000 und 7000 BE befindet sich die gute Zone. 6500 BE sind ein guter Wert für die Vitalenergie des Menschen.

Diese Skala ist nur ein Beispiel und muß für Übungszwecke größer gemacht werden. Die Zahlen stehen jeweils für 1000, also 1 für 1000, 2 für 2000 und schließlich 10 für 10 000.

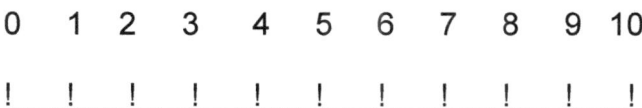

0   1   2   3   4   5   6   7   8   9   10

!___!___!___!___!___!___!___!___!___!___!___!

Man stellt sich eine eindeutige Frage, denkt an das zu messende Objekt und lässt das Pendel über die Skala laufen. Das Pendel wird an der Stelle reagieren, die Ihr Unterbewusstsein ermittelt.

Besser ist es die Skala größer zu dimensionieren und Einteilung z. B. bis auf 20 000 oder darüber auszuweiten. Es gibt Energiefelder die selbst über die 20 000 BE noch sehr weit hinausragen.

Im Handel erhältlich sind „Bovismeter" in verschiedenen Ausführungen. Pendeltafeln und Pendelkarten gibt es für fast jeden Zweck.

Man kann sich Pendelkarten und Tafeln auch selber anfertigen. Dazu einen Halbkreis oder Kreis aufmalen und die Linien beschriften. Für den Halbkreis kann ein 180 Grad Winkelmesser wie auf dem Foto dienen:

oder man nimmt den Zirkel zur Hand und zeichnet damit einen Kreis.

Zur Not tut es auch ein Glas als Form zum zeichnen. Man teilt Halbkreis oder Kreis in gleichmäßige Felder und beschriftet diese wie hier als Beispiel mit Prozentzahlen. Man konzentriert sich auf eine Sache, stellt exakte Fragen und lässt dazu das Pendel über die Tafel laufen.

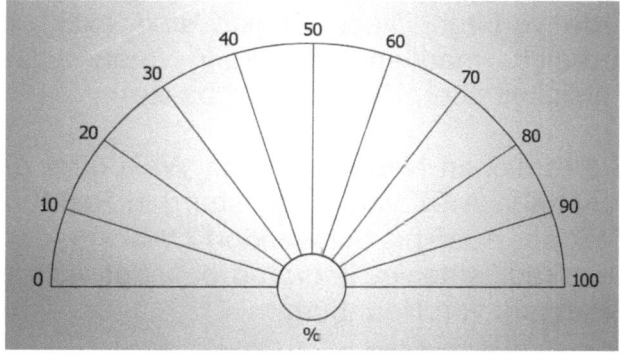

Radiästhesie Lehrpfad in Neunburg vorm Wald in der bayerischen Oberpfalz.

Leider sprechen Wünschelrutengänger oft nicht dieselbe „Sprache", meinte ein guter Bekannter einmal und ich füge dem hinzu: Drum wäre es an der Zeit eine gewisse Normierung zu erreichen.

Die Stadt Neunburg vorm Wald unterhält Internetseiten und unter:

http://www.neunburgvormwald.de/html/wunschelrutenganger.html

springt man direkt auf die Seiten über den Radiästhesie-Lehrpfad.

Wer seine Sinne schärfen und den Umgang mit Pendel und Wünschelrute verbessern will, fährt am besten vor Ort. Auf Schautafeln bekommt man Auskunft, was sich an verschiedenen markanten Punkten unter der Erde verbirgt. Diese Punkte sind exakt im Erdreich markiert. So kann man seine Fühligkeit überprüfen und verbessern.

Sie erreichen Neunburg vorm Wald über die Autobahn A 93 von Regensburg in Richtung Weiden, Ausfahrt Schwandorf / Wackersdorf. Der Radiästhesie- Lehrpfad befindet sich im Stadtpark von Neunburg.

Ein paar Anwendungsbeispiele für Fortgeschrittene:

- Buchstaben und Zahlen
- Berufsberatung
- Edelmetalle und Metalle
- Geschlechtsbestimmung z. B. an befruchteten Hühnereiern
- Härtegrade von Gestein
- Intelligenztest
- Krankheiten, Organe
- Psychische Analysen
- Teleradiästhesie: Pendeln über Landkarten
- Wassersuche
- Störfelder wie Curienetz, Erdverwerfungen, Globales-Gitternetz, Wasseradern, Stromleitungen
- Homöopathische Mittel
- Schüssler Salze
- Fotografien
- Echtheit von Unterschriften

und vieles mehr!

Literaturverzeichnis und interessante Bücher über das Pendel und die Radiästhesie:

Die rätselhafte Natur, Andreas Waser, AW Verlag Schweiz,
ISBN 3 – 9521 059-0-2 von 1996

Briefe an Tschü, Candi (Prof. Dr. Mohlberg),
Metz Verlag, Zürich 1948

Handbuch der modernen Radiästhesie, Georg Kircher, Ariston Verlag, Zürich, Schweiz
ISBN 3 – 7205 1153 7 von 1977

Der dynamische Kreis, Prof. Karl Bähr, Mutze Verlag, Dresden

Pendellehre, A. Frank Glahn, Uranus Verlag, Memmingen 1930

Blitze, Donner, Wasser; Ewald Kalteiß, Verlag Eike Hensch, Nienburg,
ISBN 3 – 927 407 – 16 – X von 2000

Raumfahrt der Seele; Reinhard Fischer, Verlag Hermann Bauer Freiburg i. Br.
ISBN 3 – 7626 – 0188 – 7 von 1975

Der Körper lügt nicht, John Diamond; VAK
Verlags GmbH Kirchzarten
ISBN 3 – 924 077 – 00 - 2
Ein Buch über Behaviorale Kinesiologie.

Zwar kein radiästhetisches Buch im eigentlichen Sinne jedoch sehr interessant zum austesten von Gegenständen, Materialien oder Präparaten am eigenen Körper mit dem kinesiologischen Muskeltest.

Einweihung in eine alte Kunst.

Wecken Sie alte Instinkte und machen Sie
Ergebnisse mit dem Pendel sichtbar.

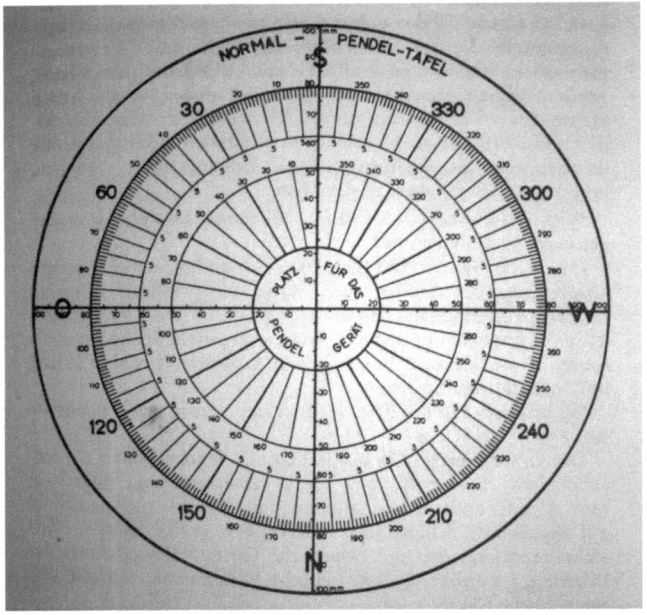

Normal Pendel Tafel nach Prof. Johann C. Baehr

Bei genügend Interesse am vorliegenden
Büchlein sind Folgeausgaben für
Fortgeschrittene geplant. Über eine
Internetadresse könnte eine Diskussions-
und Unterstützungsplattform eingerichtet
werden.